São Francisco de Assis

Elam de Almeida Pimentel

São Francisco de Assis

Novena e ladainha

EDITORA
VOZES

Petrópolis

© 2014, Editora Vozes Ltda.
Rua Frei Luís, 100
25689-900 Petrópolis, RJ
www.vozes.com.br
Brasil

1ª edição, 2014.

3ª reimpressão, 2022.

Todos os direitos reservados. Nenhuma parte desta obra poderá
ser reproduzida ou transmitida por qualquer forma e/ou quaisquer
meios (eletrônico ou mecânico, incluindo fotocópia e gravação)
ou arquivada em qualquer sistema ou banco de dados
sem permissão escrita da editora.

CONSELHO EDITORIAL

Diretor
Gilberto Gonçalves Garcia

Editores
Aline dos Santos Carneiro
Edrian Josué Pasini
Marilac Loraine Oleniki
Welder Lancieri Marchini

Conselheiros
Francisco Morás
Ludovico Garmus
Teobaldo Heidemann
Volney J. Berkenbrock

Secretário executivo
Leonardo A.R.T. dos Santos

Editoração: Fernando Sergio Olivetti da Rocha
Diagramação: Sheilandre Desenv. Gráfico
Capa: Omar Santos

ISBN 978-85-326-4841-9

Este livro foi composto e impresso pela Editora Vozes Ltda.

Sumário

1 Apresentação, 7

2 História de São Francisco de Assis, 9

3 Novena de São Francisco de Assis, 13
    1º dia, 13
    2º dia, 14
    3º dia, 16
    4º dia, 18
    5º dia, 19
    6º dia, 21
    7º dia, 22
    8º dia, 23
    9º dia, 25

4 Orações a São Francisco de Assis, 27

5 Ladainha de São Francisco de Assis, 30

APRESENTAÇÃO

São Francisco de Assis é o santo que elegeu a pobreza como ideal de vida. Ele ficou conhecido por seu modo simples de viver, em que a bondade e a caridade comoviam seus seguidores. O amor e os cuidados que São Francisco tinha com a natureza e com os animais fizeram com que fosse considerado o santo padroeiro da ecologia, em 1978, pelo Papa João Paulo II. Em várias ocasiões São Francisco pregou para os animais, especialmente os pássaros, e ficou conhecido por tratá-los com muito respeito: "Meus irmãos pássaros, vocês devem louvar seu Criador e amá-lo sempre".

Este livrinho apresenta a história de São Francisco de Assis, a novena para o alcance da graça desejada, orações, a ladainha e algumas passagens bíblicas, seguidas de uma oração a São Francisco de Assis, acompanhada de um Pai-nosso, uma Ave-Maria e um Glória-ao-Pai.

São Francisco de Assis é festejado em 4 de outubro.

É representado com o traje que identifica a Ordem Franciscana que criou: um manto com capuz, uma corda ao redor da cintura e sandálias nos pés. Também fazem parte de sua representação os pássaros, numa referência a uma passagem de sua biografia, na qual ele prega o Evangelho aos pássaros.

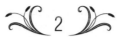

História de
São Francisco de Assis

Nasceu em Assis, na Itália, em 1182, e recebeu no batismo o nome de João Pedro de Bernardone. Passou a ser chamado de Francisco porque seu pai, rico comerciante que vendia tecidos trazidos da França, nação por ele muito admirada, passou a chamá-lo Francesco, isto é, o francês.

Viveu a sua juventude em companhia de jovens alegres, festivos, ricos, aproveitando bem sua boa condição financeira. Defendeu sua cidade, Assis, na Batalha de Collestiada, travada contra a cidade de Perusa, e lá ficou aprisionado por vários meses. Libertado pelo pai, adoeceu e ficou recolhido por uns meses. Quando dava início à nova aventura militar, sentiu repentina crise de consciência que lhe questionava a validade das ações militares.

Francisco, como a maioria dos jovens na época, ganhava prestígio ao participar das batalhas. Ele deixou de frequentar festas, dedicou-se a caminhadas e meditações. Começou a sentir um profundo amor pelos pobres, prometendo a si mesmo nunca negar esmola a estes. Um dia, Francisco estava sem condições para ajudar um mendigo. Resolutamente, tirou seu manto novo, caro, e trocou-o pelos farrapos do pobre. Dando um passeio a cavalo, aconteceu que um leproso lhe estendeu a mão, pedindo-lhe esmola. Francisco apeou, deu generosa oferta, mas, ao ver a mão do leproso, teve um arrepio de horror e nojo. Envergonhado por esta fraqueza, tomou a mão do doente e a beijou. Aos poucos foi se formando em Francisco o desejo de desfazer-se dos seus bens materiais, procurando a solidão, a oração e a penitência.

Em visita à Igreja de São Damião, Francisco ouviu vozes, ordenando que ele reconstruísse a Igreja. Decidiu abandonar a loja do pai, e este, inconformado com a resolução do filho, levou-o ao bispo da cidade, exigindo que Francisco renunciasse a todos os bens. Francisco tirou suas vestes, entregou suas roupas ao progenitor, dizendo: "Até hoje vos chamei de pai, mas, de agora em diante, meu único pai é o Pai nosso que está no céu, porque só nele pus a minha esperança". Vestiu um hábito grosso, cingiu-se de áspero cordão e tomou a resolução de viver em pobreza, promovendo pregações, viagens missionárias, cuidando dos doentes.

Inicialmente olhado como louco, aos poucos granjeou a simpatia e admiração de muitos. Outros jovens resolveram acompanhá-lo, e assim deu-se a fundação da Ordem dos Franciscanos.

O total desapego às coisas materiais resultou no enfraquecimento do corpo, sempre doente. Dois anos antes de sua morte apareceram em seu corpo sinais da paixão e morte de Cristo: chagas nas mãos, nos pés e no peito. Morreu aos 44 anos.

A devoção a São Francisco de Assis se espalhou pelo mundo, mesmo antes de sua morte, impulsionada pelas missões evangelizadoras que comandou e pela presença dos frades franciscanos em muitos países. Esse processo começou pela Europa, consolidando a veneração a ele inicialmente na França, na Alemanha e na Inglaterra. Depois da canonização, um fator que contribuiu para o aumento de seus devotos foi a construção da primeira igreja em sua homenagem, a Basílica de São Francisco, em Assis, cidade onde nasceu e onde seu corpo foi enterrado.

No Brasil, a devoção chegou com os franciscanos, que foram representantes da Igreja Católica nos primeiros cinquenta anos após o descobrimento do Brasil. Muitas paróquias foram dedicadas a São Francisco, sendo que, no Nordeste, Ceará, na cidade de Canindé, está o segundo local mais visitado pelos devotos franciscanos, a Igreja São Francisco das Chagas.

Novena de
São Francisco de Assis

1º dia

Iniciemos com fé este primeiro dia de nossa novena invocando a presença da Santíssima Trindade: em nome do Pai e do Filho e do Espírito Santo. Amém.

Leitura bíblica: Eclo 4,14

> Filho, não prives o pobre do necessário à vida, nem deixes desfalecer os olhos do indigente. Não aflijas quem tem fome, nem exasperes quem esteja em dificuldade. Não acrescente perturbação ao coração exasperado, nem adies tua ajuda a quem precisa. Não rejeites um suplicante angustiado, nem desvies do pobre o teu rosto.

Reflexão

A caridade para com os pobres e os desprotegidos é recomendada na Bíblia. Por ela, a pessoa obtém o perdão dos pecados: "A água extingue o fogo ardente, e assim a esmola espia os pecados".

São Francisco soube, com a graça de Deus, acolher a todos os necessitados, abandonando os bens terrestres e o conforto do seu mundo, para viver na pobreza, repartindo e comungando com seus semelhantes.

Oração

São Francisco, vós que vivestes na pobreza, ajudai-me a superar os atrativos terrenos, repartindo o que é meu com os mais necessitados. Ajudai-me a alcançar a graça que desejo... (faça o pedido).

Pai-nosso.

Ave-Maria.

Glória-ao-Pai.

São Francisco de Assis, intercedei por nós.

2º dia

Iniciemos com fé este segundo dia de nossa novena invocando a presença da Santíssima Trindade: em nome do Pai e do Filho e do Espírito Santo. Amém.

Leitura bíblica: Gn 1,24-26

Deus disse: "Produza a terra seres vivos segundo suas espécies, animais domésticos, répteis e animais selvagens segundo suas espécies". E assim se fez. Deus fez os animais selvagens segundo suas espécies, os animais domésticos segundo suas espécies e todos os répteis do solo segundo suas espécies. E Deus viu que era bom. Deus disse: "Façamos o ser humano à nossa imagem e segundo nossa semelhança, para que domine sobre os peixes do mar, as aves do céu, os animais domésticos, todos os animais selvagens e todos os répteis que rastejam sobre a terra".

Reflexão

A criação do mundo é contada em Gênesis como o "ato de uma Palavra soberana e serena: Deus disse e assim se fez". A Palavra separa, ordena, mas sem excluir, sem rejeitar – "Deus viu que tudo estava bom".

O domínio do homem sobre os animais rejeita qualquer violência, qualquer agressão e destruição. À imagem de Deus, o homem deve ser somente "doçura". E São Francisco de Assis assim procedeu com os animais e com a natureza, segundo o Evangelho.

Oração

Glorioso São Francisco de Assis, vós que vivestes como cristão, alcançai-me de Deus a graça de uma grande fé e intercedei por mim para que alcance a graça... (pede-se a graça a ser alcançada).

Pai-nosso.

Ave-Maria.

Glória-ao-Pai.

São Francisco de Assis, intercedei por nós.

3º dia

Iniciemos com fé este terceiro dia de nossa novena invocando a presença da Santíssima Trindade: em nome do Pai e do Filho e do Espírito Santo. Amém.

Leitura bíblica: Sb 11,23-26

Porque tudo podes, tens compaixão para com todos e fechas os olhos aos pecados das pessoas, para que se

arrependam. Sim, Tu amas todos os
seres, e nada detestas do que fizeste;
pois, se odiasses alguma coisa, não a
terias criado. E como poderia subsis-
tir alguma coisa, se não a quisesses?
Ou como poderia conservar-se, se
não a tivesses chamado? Mas Tu pou-
pas a todos, porque te pertencem, ó
Soberano, amigo da vida.

Reflexão

Esta passagem bíblica apresenta a presença de Deus na criação como sendo amor
e não um ato de poder. Toda a criação está
com Deus numa aliança de amor e não de
violência. E São Francisco soube entender e
praticar esta aliança de amor universal, cós-
mica e humana. Rezemos a São Francisco.

Oração

Ó São Francisco, ajudai-me a aprender
a amar melhor a Nosso Senhor e a encon-
trá-lo na natureza e nos acontecimentos de
cada dia. Ajudai-me no alcance da graça de
que necessito... (falar a graça que se deseja
alcançar).

Pai-nosso.

Ave-Maria.

Glória-ao-Pai.

São Francisco de Assis, intercedei por nós.

4º dia

Iniciemos com fé este quarto dia de nossa novena invocando a presença da Santíssima Trindade: em nome do Pai e do Filho e do Espírito Santo. Amém.

Leitura bíblica: Is 11,6-9

Então o lobo será hóspede do cordeiro e o leopardo se deitará com o cabrito. O bezerro, o leãozinho e o animal cevado estarão juntos, e um menino os conduzirá. A vaca e o urso pastarão lado a lado; juntas se deitarão as suas crias; e o leão comerá capim como o boi. A criança de peito brincará junto à toca da víbora, a criança desmamada porá a mão na cova da serpente. Não se fará mal nem destruição em todo o meu santo monte, porque a terra estará cheia do conhecimento do Senhor, como as águas que enchem o mar.

Reflexão

A paz entre os animais e os seres humanos é mencionada pelo Profeta Isaías. A aliança entre todas as criaturas é o sentido da criação, em que todos são chamados a formar uma unidade na paz e no amor. São Francisco de Assis se tornou um criador de unidade e de fraternidade. Ao encontrar Cristo seu coração se abriu a todos.

Oração

São Francisco de Assis, ajudai-me a encontrar os laços de amor com Deus, nosso Criador. Ouvi meu pedido e concedei-me a graça que vos peço, com fé e confiança... (falar a graça que se deseja alcançar).

Pai-nosso.

Ave-Maria.

Glória-ao-Pai.

São Francisco de Assis, intercedei por nós.

5º dia

Iniciemos com fé este quinto dia de nossa novena invocando a presença da Santíssima Trindade: em nome do Pai e do Filho e do Espírito Santo. Amém.

Leitura do Evangelho: Mt 5,5

Felizes os mansos, porque possuirão a terra.

Reflexão

São Francisco de Assis tinha ternura com todas as criaturas. Ele sabia que não pode haver respeito pela vida humana sem uma profunda transformação interior. E esta transformação só é possível quando se abre ao amor divino, quando se entende que "tudo que Deus fez é bom". São Francisco de Assis compreendeu a mensagem do Evangelho: "Felizes os mansos, porque possuirão a terra".

Oração

São Francisco de Assis, modelo de doçura, ajudai-me a encontrar o caminho do bem, para o alcance de minha realização humana e socorrei-me nesta hora de aflição, alcançando-me a graça... (mencionar a graça a ser alcançada).

Pai-nosso.

Ave-Maria.

Glória-ao-Pai.

São Francisco de Assis, intercedei por nós.

6º dia

Iniciemos com fé este sexto dia de nossa novena invocando a presença da Santíssima Trindade: em nome do Pai e do Filho e do Espírito Santo. Amém.

Leitura do Evangelho: Mc 11,25

> Mas, quando vos puserdes em oração, perdoai, se por acaso tiverdes alguma coisa contra alguém...

Reflexão

São Francisco de Assis soube seguir esta passagem do Evangelho. Convidava todos a se reconciliarem, a viver como irmãos, esquecendo os rancores e tendo a paz como prioridade. São Francisco tinha grande respeito por cada pessoa, pela história de cada um. Em seus *Escritos*, São Francisco denuncia que a perturbação, a irritação e a cólera são obstáculos à caridade e à fraternidade. Ele compreendeu que a paz é a forma suprema da pobreza. Oremos a São Francisco para encontrarmos a paz necessária.

Oração

São Francisco de Assis, eu vos peço que vos digneis a ajudar-me a alcançar sentimentos de fé, caridade, amor ao próximo e a paz necessária. Atendeis ao pedido especial que a vós clamo... (mencionar o pedido).

Pai-nosso.

Ave-Maria.

Glória-ao-Pai.

São Francisco de Assis, intercedei por nós.

7º dia

Iniciemos com fé este sétimo dia de nossa novena invocando a presença da Santíssima Trindade: em nome do Pai e do Filho e do Espírito Santo. Amém.

Leitura do Evangelho: Mt 11,28-30

Vinde a mim vós todos, que estais cansados e sobrecarregados, e eu vos darei descanso. Tomai sobre vós o meu jugo e aprendei de mim, que sou manso e humilde de coração, e achareis descanso para vossas almas. Pois meu jugo é suave e meu peso é leve.

Reflexão

É preciso reconhecer que, constantemente, vivemos sob a sombra do poder, da angústia, da falta de esperança em viver. É preciso reconhecer que precisamos de Deus para encontrarmos a paz necessária, a força para enfrentar os problemas diários. São Francisco de Assis encontrou sua serenidade na relação íntima que manteve com Deus, não se deixando perturbar por nada e procurando dividir com os outros a alegria divina de existir.

Oração

São Francisco de Assis, ajudai-me a entregar minha vida a Jesus, aprendendo a confiar cada vez mais nele. Ajudai-me a alcançar a graça que desejo... (faça o pedido).

Pai-nosso.

Ave-Maria.

Glória-ao-Pai

São Francisco de Assis, intercedei por nós

8º dia

Iniciemos com fé este oitavo dia de nossa novena invocando a presença da Santíssima Trindade: em nome do Pai e do Filho e do Espírito Santo. Amém.

Leitura do Evangelho: Lc 2,10-12

O anjo lhes disse: "Não temais, pois vos anuncio uma grande alegria, que é para todo o povo: Nasceu-vos hoje, na cidade de Davi, um Salvador, que é Cristo Senhor. Este será o sinal: encontrareis o menino envolto em panos e deitado numa manjedoura".

Reflexão

Esta passagem do Evangelho nos apresenta a humildade de Deus, o Deus dos pequenos, dos pobres, nascendo entre animais em uma manjedoura. São Francisco de Assis, em 1223, às vésperas do Natal, revelou aos irmãos franciscanos a vontade de montar um presépio vivo, de ver o Menino Jesus, de reencontrar a humanidade de Deus. São Francisco descobriu o Menino Deus na pobreza do presépio. Este menino nasce em toda parte onde há seres humanos humildes para reconhecerem-se irmãos uns dos outros. Oremos a São Francisco.

Oração

São Francisco, vós fostes chamado o Pobrezinho de Assis. Abandonastes os bens materiais e passastes a viver na pobreza. Ajudai-me a abandonar o atrativo em excesso que os bens terrestres possam exercer em mim. Ensinai-me a repartir com os mais necessitados e socorrei-me no alcance da graça de que no momento necessito... (mencione a graça que deseja alcançar).

Pai-nosso.

Ave-Maria.

Glória-ao-Pai.

São Francisco de Assis, intercedei por nós.

9º dia

Iniciemos com fé este nono dia de nossa novena invocando a presença da Santíssima Trindade: em nome do Pai e do Filho e do Espírito Santo. Amém.

Leitura bíblica: Rm 11,33-36

Oh! Profundidade da riqueza, sabedoria e ciência de Deus. Quão insondáveis são as suas decisões e impenetráveis os seus caminhos! Pois quem pode compreender o pensamento do Senhor? Quem jamais foi seu conselheiro? Ou quem primeiro lhe deu para ter direito a retribuição? Porque dele, por Ele e para Ele são todas as coisas. Para Ele a glória pelos séculos. Amém!

Reflexão

Somente a fé em Jesus é que nos insere na grandeza da obra do Criador. Reconheçamos toda a grandeza de Deus, assim como São Francisco de Assis reconheceu.

Oração

São Francisco de Assis, ajudai-me a não perder o rumo de minha vida, a manter a união com meus familiares. Ajudai-me a respeitar as diferenças, a semear amor e bondade e a ter cada vez mais fé em Deus. São Francisco de Assis, ajudai-me a alcançar a graça que desejo... (falar a graça a ser alcançada).

Pai-nosso.

Ave-Maria.

Glória-ao-Pai.

São Francisco de Assis, intercedei por nós.

Orações a
São Francisco de Assis

Oração 1

Ó glorioso São Francisco, santo da simplicidade, da alegria e do amor, que no céu contemplais as infinitas perfeições de Deus, lançai sobre nós um olhar cheio de benignidade, e socorrei-nos eficazmente nas nossas necessidades espirituais e temporais.

Rogai ao nosso Criador que nos conceda as graças que solicitamos e, para melhor merecê-las, inflamai o nosso coração de amor a Deus e a nossos irmãos.

São Francisco de Assis, rogai por nós.

Oração 2 – Oração pela paz

Senhor, fazei-me instrumento de vossa paz!

Onde houver ódio, que eu leve o amor.
Onde houver ofensa, que eu leve o perdão.
Onde houver discórdia, que eu leve a união.
Onde houver dúvida, que eu leve a fé.
Onde houver erro, que eu leve a verdade.
Onde houver desespero, que eu leve a esperança.
Onde houver tristeza, que eu leve a alegria.
Onde houver trevas, que eu leve a luz.
Ó Mestre, fazei que eu procure mais consolar que ser consolado;
compreender, que ser compreendido;
amar, que ser amado.
Pois é dando que se recebe,
é perdoando que se é perdoado,
e é morrendo que se vive para a vida eterna.

Obs.: Esta oração, também chamada de Oração de São Francisco de Assis, é recitada por fiéis do mundo inteiro. Não foi escrita por São Francisco de Assis.

Oração 3 – Para pedir proteção para os animais e as lavouras

São Francisco, o amor que transbordava de vossa alma atingia toda a natureza: o sol, a lua, a água, as árvores e os animais.

Os passarinhos cantavam convosco e os lobos se amansavam diante da vossa bondade.

São Francisco, eu vos peço, abençoai os nossos animais domésticos: o gado, os cavalos, os porcos, as galinhas. Protegei toda a nossa criação. Defendei da peste todos os nossos animais e afastai para longe os bichos e as pragas que prejudicam as nossas roças e lavouras; dai-nos sol e chuva, frio e calor, no tempo certo, para as nossas plantações e para as colheitas.

São Francisco, amigo de Deus e da natureza, fazei que tudo o que nos rodeia nos ajude a lembrar a bondade de Deus, nosso Criador e Benfeitor. Amém.

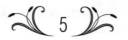

Ladainha de
São Francisco de Assis

Senhor, tende piedade de nós.
Jesus Cristo, tende piedade de nós.
Senhor, tende piedade de nós.

Jesus Cristo, ouvi-nos.
Jesus Cristo, atendei-nos.

Pai Celeste, que sois Deus, tende piedade de nós.
Deus Filho, redentor do mundo, tende piedade de nós.
Deus Espírito Santo, tende piedade de nós.
Santíssima Trindade, que sois um só Deus, tende piedade de nós.

Santa Maria, rainha dos mártires, rogai por nós.

São Francisco de Assis, modelo de grande santidade, rogai por nós.

São Francisco de Assis, anunciador do Evangelho, rogai por nós.

São Francisco de Assis, santo da caridade, rogai por nós.

São Francisco de Assis, santo brincalhão, rogai por nós.

São Francisco de Assis, santo amigo e protetor, rogai por nós.

São Francisco de Assis, santo amigo da natureza, rogai por nós.

São Francisco de Assis, padroeiro dos ecologistas, rogai por nós.

São Francisco de Assis, criador da Ordem Franciscana, rogai por nós.

São Francisco de Assis, santo da bondade, rogai por nós.

São Francisco de Assis, admirador da obra de Deus, rogai por nós.

São Francisco de Assis, santo de grandes conhecimentos, rogai por nós.

São Francisco de Assis, santo da esperança, rogai por nós.

São Francisco de Assis, santo franciscano, rogai por nós.

Cordeiro de Deus, que tirais o pecado do mundo, perdoai-nos, Senhor.
Cordeiro de Deus, que tirais o pecado do mundo, ouvi-nos, Senhor.
Cordeiro de Deus, que tirais o pecado do mundo, tende piedade de nós, Senhor.

Jesus Cristo, ouvi-nos.
Jesus Cristo, atendei-nos.

Rogai por nós, São Francisco de Assis, para que sejamos dignos das promessas de Cristo.